술과 함께

강영환 시집

강영환 시집

술과 함께

지은이 강영환
펴낸이 최명자

펴낸곳 책펴냄열린시
주소 48932 부산광역시 중구 동광길 11, 203호
전화 051 464 8716
출판등록번호 제1999-000002호
출판등록일 1991년 2월 4일

인쇄일 2018년 11월 16일
발행일 2018년 11월 20일

ⓒ강영환, 2018. Busan Korea
값 10,000원

ISBN 979-11-88048-24-3 03810

- 저자와 협의하여 인지를 붙이지 않습니다.
- 잘 못된 책은 바꿔 드립니다.
- 이 책의 내용 중 일부 또는 전부를 저자 및 출판사의 동의없이 사용하지 못합니다.

국립중앙도서관 출판예정도서목록(CIP)

```
술과 함께 : 강영환 시집 / 지은이: 강영환. -- 부산 : 책펴
냄열린시, 2018
     p. ;    cm. -- (가슴에내리는시 ; 076)

ISBN 979-11-88048-24-3 03810 : ₩10000

한국 현대시[韓國現代詩]

811.7-KDC6
895.715-DDC23                          CIP2018035302
```

□ 자서

 술은 사랑만큼이나 우리 삶에 영향을 미치고 있다. 술 때문에 많은 일들이 발생하고 나쁘면 술 탓으로 돌린다. 우리 삶에 술의 아우라는 깊고 넓게 작용한다. 시인들이 술을 자주 접하지만 꽃을 노래한 만큼 술을 노래하지는 못했다. 술을 금기시하고 끊어야 하는 담배만큼이나 폐해를 주는 기호품이라고 생각해서 그런 모양이다. 술은 죄가 없다. 술은 인류 곁에서 많은 역할을 담당해 왔다. 술에 관한 산문집에 이어 술이 내게 주는 의미와 술에 대한 생각을 풀어내 보았다. 이 글을 핑계로 술추렴에 깊이 들지 않기를 바란다. 해설을 대신하여 산문집에 실었던 산문 하나를 옮겨 싣는다. 시건방진 생각인지 모르겠다. 술에게 용서를 빌고 독자들에게 감사를 전한다. 술은 지금껏 그래왔듯 영원하다.

2018. 11월
부산에서 강영환

목차 • 4
자서 • 3

제 1 부

어떤 건배사 • 11
사랑과 술 • 12
술을 따라갔다 • 14
달빛술 • 15
희석식 • 16
합환주 • 17
필름 끊어 먹기 • 18
밑 빠진 독 • 19
잔 고르기 • 20
소주를 마신다 • 22
낮술 • 23
해장술 • 24
술 뼉다귀 • 25
후래자 삼배 • 26
안주가 술을 마신다 • 27
주당오계 • 28
술을 만나고 싶다 • 30
술을 잇다 • 32
혼술 • 33
관우의 술 • 34

역사 • 35
취흥 • 36
대작 • 37
비 오는 날에 • 38
술단풍 • 39
동반자 • 40
조기 매운탕 • 41
무한식당 • 42
작은 술집 • 43
술과 함께 • 44
술시 • 46
술통 • 47
주님 뜻대로 • 48

제 2 부

묘비명 • 51
산을 기억하는 법 • 52
영월 빗소리 • 53
절명주 • 54
술친 • 55
9월 횟집 • 56
술 문턱 • 58
월식 • 59
꽃구경 • 60

갑장과 술 • 62

술 초보 • 63

만나고 싶은 술 • 64

나쁜 술 • 65

계곡주 • 66

등정주 • 67

포장마차 • 68

내 술은 그래 • 69

그리고 나도 한 잔 • 70

간이주점 • 72

술 마시는 때 • 73

술친구 • 74

여름 한 잔 • 75

술색 • 76

술은 힘이 세다 • 77

고수 • 78

술에 지다 • 80

위로주 • 81

참새구이 • 82

아버지 술 • 83

술에 들다 • 84

제 3 부

소주 1 • 87

소주 2 • 88
막걸리 • 89
농주 • 90
맥주 • 91
폭탄주 • 92
동동주 • 93
포도주 • 94
소곡주 • 95
전주 이강주 • 96
진도 홍주 • 97
안동소주 • 98
문배주 • 99
사케 • 100
발렌타인 30 • 101
마오타이주 • 102
이과도주 • 103
보드카 • 104
동근송주 • 105
옥만주 • 106
복분자술 • 107
야관문주 • 108
참치 눈물주 • 109

〈후기〉 술맛 나는 세상에 살고 싶다 • 110

내 삶을 출렁이게 해 준 술에게

제 **1** 부

어떤 건배사

'다 같이 오징어!'
오, 오래도록
징, 징허게
어, 어울리자

'개나발'
개인과 나라의 발전을 위하여'
염병 지랄을 떨어요

'당나귀!'
당신과 나의 귀한 만남을 위하여
그건 낡은 버전이다 새롭게
당신과 나의 사랑을 귀신도 모르게

'들면 술잔!
놓으면 빈 잔'

사랑과 술

깊은 사랑일수록 돌아서면
더 큰 어둠이 되고 마는
사랑을 버리고 나는 술을 마신다
돌아서서 아프게만 하는 사랑보다는
곁에서 어깨 토닥여 주는
변치 않는 술을 따른다
어둠을 향해 돌팔매질 할 때
손에 돌멩이 쥐어주던 독한 술이
눈을 밝혀 주었다
누군가 곁에 있어 주기를 바랄 때
그때도 사랑보다 먼저 술을 찾았다
사랑은 내 옷이 아니고
더 예쁜 사람들이 가져야 할 선물이라고
눈 밖으로 밀어낸 빈 자리에
가슴 들여다보아주는 술빛을 앉혔다
달콤한 술에 이끌려 당도한 술탁 위에서
사랑으로 타버린 가슴을 꺼내
하얗게 씻겨질 때까지 마셨다

산을 만나고 바다를 만나고
무너지지 않는 성채를 찾았다 그때
찾으면 언제든 오는 게 사랑이라고
나는 사랑을 버리고
한 잔 술을 마신다

술을 따라갔다

아우라지에서 화암 약수터 가는 길
옥수수술 광고판을 보고 무작정
어둠 속으로 태백까지 차를 몰아갔다
술이 취해 구불거리는 길이
앞서 가며 술로 흐르고 있었다
늦은 시간 닫는 문을 열고 들어선 주점에서
늦었어도 미소로 맞이해 준 주모가
감자탕에 옥수수 막걸리 한 사발 들이키자
허기를 가신 눈에 꽃으로 피어났다
낯선 술맛이 불렀을 한 여름 밤 꽃송이
목에 감기는 옥수수 술맛을 보듬고
태백 깊은 밤 어둠에 빠져 들었다

달빛술

키 큰 강냉이 밭 사이 길을 지나
아우라지 나루에 닿았다
사공 없는 배가 묶여 건너지도 못하고
돌아 나오는 어둠 길
등 뒤에서 슬픈 노래가 들렸다

물 건너 언덕위에 선 하얀 여인이
떠나서 돌아오지 않는 사공을 불러
동강에 흐르는 여울물소리로 울먹이며
노래를 흘려보내고 있었다

슬픈 노래를 두고 떠날 수가 없어
물 빠진 나루터 나룻배를 타고
술잔을 기울이고 있을 때
물에 몰래 떠오른 달이
아우라지 어둠을 지워내고 있었다
물에 빠진 달빛이 노래를 삼키고
나는 달빛을 퍼 마셨다

희석식

얼굴은 물에 비춰 보고
속내는 술에 비춰 본다

물이 술을 안다
술에 물을 타면 술이다
물에 술을 타도 술이다
술이 한 방울이라도 튀면 물은
물이 아니고 술이다
술은 마법이다

물을 마시면 목이 시원하고
술을 마시면 가슴이 열린다

합환주

술이 합쳐지면 우리
몸도 합쳐지는 것일까

백록담 물과 천지수를 합하여
나라가 통일로 다시 태어나야 하듯
사랑 하나를 이루기 위해
나는 그대를 마시고
그대는 나를 마신다

잔 하나에 그대 술을 담고
그 잔에 내 술을 담아
그대 마신 잔을 내가
입술을 대어 마신다면
우리 둘은 하나가 된다

그대 술이 먹고 싶어
내 술로 그대 입술을 적신다

필름 끊어 먹기

이본 동시상영 삼류극장에서
애정 영화를 보다가
화면에 가득한 빛줄기만 남기고
영화가 끊어졌다
누가 나에게도 휘파람을 불어 다오
끊어진 필름을 잇고 싶다
어디서부터 끊어졌는지
도무지 발자국이 연결되지 않는다
사차 그 술집에는 어떻게 간 건지
누가 먼저 가자고 했지
맨정신으로는 가지 않았을 주점
그곳에 간 필름이 이어지지 않는다
삼류극장 이본 동시상영 영화는
아직 끝나지 않고 돌아간다

밑 빠진 독

한 잔 또 한 잔 네게 붓는다
너는 넘치는 법 없이
취하지도 않고 술값만 올린다
쏟아 부어도 토하는 법 없이
거친 파도를 가르고 떠가는 배
뒤에 남는 물거품도 없다
항해를 멈춰 세울 나침반도 없다
빠진 밑이 채워질 때까지 쏟아붓다 보면
술 위로 출렁출렁 떠가는 몸
내 목을 끌어안고 익사하고 마는
잘 익은 너를 부축한다

잔 고르기

술이 나쁜 사람들이 찾아낸
모자란 술 빼앗아 먹기다
잔에 술 높이를 맞추면서
더 높은 술을 얻어 와서
고픈 잔을 마저 채운다

여럿 앞에 모든 술병이 쓰러지고
잔에 남은 술 밖에 없을 때
먼저 비워진 잔이
술이 더 먹고 싶어
잔 고르기를 앞 세운다

술이 높은 잔이
술이 낮은 잔에게 권하는 술
같은 높이가 될 때까지 몇 차례 거듭
평균을 산출하다보면 다들
만족하는 빈잔에 이른다

술이 나쁜 이는
더 가질 수 있고
술이 받지 않아 망설이는 이는
술을 베풀어서 좋은
함께 가는 술 높이 고르기
판 벌리던 산이 그립다

소주를 마신다

소주에 달빛을 풀어 마신다
나는 보름달이 되어
서역으로 떠간다

풀어진 눈으로 가닿은 강물
달빛에 적신 몸으로
가을에 흐르는 노을 강을 마신다

안주 삼아
별빛을 소주에 띄워 마시면
네 눈에 별로 들어 나를 보는 그대

네 앞을 떠나지 못하게 붙잡아 두고
쫀득쫀득 나를 씹는다
겨드랑이 간질이는 바람을 타서
소주 안에 풀어진 나를 마시면
가슴에서 불쑥 달이 돋는다
잔에 든 달을 마신다

낮술

술잔 속에 떠 있는 해가 낮 뜨겁다
벌써 몸에다 노을을 들였을까
아니면 단풍을 들였을까
가늠되지 않은 일탈이
불같이 달아오르는 취기를
주체할 수 없다
마구 쏟아내는 혓바닥과
발산하는 열기로 말미암아
조상도 몰라보게 된다고
물마시듯 못 마시게 했다
어디에서 누구랑
돌부처 가슴을 후벼 팠을까

해장술

밤늦도록 집에 이르기 위해
노래 부르며 오르던 골목길
어둠을 지고 나서는 새벽 출근길에
무거운 발등에 쏟아 붓는 아침 술잔
정거장에서
어제 술과 오늘 술이 서로 만나
껴안고 불에 든다 아침나절께
문득 빠져나간 술 빈자리를 메우다 보면
술은 술로 다스려야 몸 상하지 않고
위장 평화에 가닿을 수 있다는 유혹에
이놈의 빌어먹을 세상
감각을 마비시키기 위해 중독으로 간다

술 뼉다귀

술에도 뼈가 있다
뼈 없는 술은 물러서
목에 걸리기 쉽다

죽창 같은 술 한 잔으로
새로 일어서서
바람을 갈라 벌판에 나설 일이다

지랄탄 마구 흔들리는
아스팔트 위에서도
두 눈 바로 뜨고 질주하지 않았느냐
촛불 들고 일어서지 않았느냐

목에 걸리지 않게 삼킬 일이다
두 눈 바로 뜨지 않고는
함부로 술잔 앞에 기웃거리지 말라
뼈 있는 술로 그대와 취하고 싶다

후래자 삼배

퇴근해 씻고 편한 옷을 갈아 입으면
만사가 귀찮다
지지리도 못하는 야구중계방송에 빠져
애먼 선수 욕이나 해대고 있을 때
나를 구원해 주는 멋진 전화 한 통
'야, 나온나 고전이다'
지척에 와서 그리웠던 모양이다
샌달을 끌고 자리에 앉자마자
'후래자 삼배'라며
연거푸 석잔을 떠 안긴다
누가 만든 말인지 참 좋은 말이다
뒤쳐진 술을 맞추자는 얘긴데 참 공평하다
반갑다 술아 기다렸다
갑자기 만나는 술이 반가운 것은
후래자 뒷맛 때문인지 모르겠다

안주가 술을 마신다

안주가 좋으면 술이 땡기고
술이 좋으면 안주가 안땡긴다
물 빠진 바닷가 바위 위에
자연산 굴이 천지에 널부러져 술을 부른다
소주 한 병 차고 들어
돌멩이로 굴껍질을 두드려 알맹이를 꺼내
나발 불며 소주를 흘려보내고
짭짤한 굴살을 입에 넣으면
술맛이란 캬아~ 둘이 죽어 봤으면 싶다
목포 앞 바다 갯벌 세발 낙지 주워
뻘 주욱 훑어내고 소주 한 잔 끝에
잎 천장 빨리는 진한 키스로
빈 병도 바닷물을 마시고 나자빠진다

주당오계

원효는 세속 오계를 지어
속세를 구제하려 했다
술꾼들도 맛깔 나는 술맛을 위해
계율을 만들어 가졌다

'청탁불문 淸濁不問
 입석불문 立席不問
 원근불문 遠近不問
 현외불문 現外不問
 생사불문 生死不問'

맑고 흐린 술을 가리지 말고
서서 마시던 앉아서 마시던 묻지 말고
멀고 가까움에 연연하지 말며
현금으로 먹던 외상으로 먹던 상관 말고
살고 죽는 것도 따지지 말고

그렇게 마셔라

해탈도 손에 쥘 것이니
계율을 잘 지킨다면 그대는
술로 득도할 그릇이도다

술을 만나고 싶다

포도막염이란 눈병 진단을 받고
의사 권고대로 술을 끊었다
권고를 무시하고 짬짬이 잔을 들었다가
두 번이나 재발하여 병원을 찾았더니
맹인으로 살고 싶으면 술을 다시 하란다
강한 협박에 못 이겨 끊은 술이다

5년을 끊고 보니 술이 불쌍했다
내가 마셔주지 못한 술이 기다렸다
술에 좀 더 가까이 가기 위해
과거에 만났던 술을 살려 글에 담았다
'술을 만나고 싶다'
2018년에 낸 산문집이다

읽어 본 사람들은
술을 끊기 위한 글이 아니라
술을 더 마시게 하는 나쁜 책이라고
멀리하고 싶다고 원성을 보내 왔다

책을 잘 못 냈나 후회도 들지만
아직도 나는 술을 만나고 싶다

술을 잇다

내 끊어진 술을 이어 준 건 소곡주였다
봄빛이 다 가기 전에
서천 산애재에 들렀다가
몸이 기억하는 소곡주 맛에 이끌려
나도 모르게 몇 잔 몸을 적셨더니
웬걸, 자고나도 눈이 아무렇지도 않다
그 뒤 지리산 청학동 무아정에서
영호남 시인들 모임에 소곡주를 가져갔더니
천하의 명주라고들 잔이 마를 새가 없었다
밤을 새워 그렇게 퍼부었어도 눈은
샛별처럼 빛나면서 산빛을 읽었다
술을 이어도 될까?

*산애재 : 구재기 시인의 집필실. 정원에 시인들의 친필로 만든 시비들이 명물로써 술맛을 돋군다.
*무아정 : 백신종 시인이 거처하는 곳으로 청학동에 있다

혼술

혼자가 대세라면
술병과 홀로 마주하겠다
내게 술을 넘치게 따르면서
스스로를 위로하고
나에게 씁은 소리도 보낸다

남에게 받기만 하거나
남에게 주기만 했지
나에게 한 잔 권한 적이 있었던가?
오랜만에 내게 술을 친다
선조에게 제주 올리듯 손 떨어가며

남보다 더 나를 공경하기 위하여
더 높이 오를 수 있을 때까지
비록 떨어지는 술맛이지만
나와 깊이 있게 나누는 대화
오랜만에 나에게 빠져본다

관우의 술

조조가 내린 술잔을 받아 들고
적장을 쓰러뜨리기 전에는
마시지 않겠다는 따스한 술 한 잔
탁상위에 놓아두고
말을 몰아 적진을 누비며
적장의 목을 쳐 가지고 와
조조 앞에 내려놓고
탁자 위에 놓인 술잔을 들었을 때
술은 온기를 잃지 않았다
술 앞에서도 품위를 잃지 않는
나의 영원한 운장이여
그대 술을 마시고 싶다

역사

술이 역사를 만든다
79년 부마항쟁 끝에서
궁정동 안가에 초대되어 온 발렌타인이
역사를 바꾸었다
독재자를 쓰러뜨리고
봄이 오는 길을 열었다
역사가 이뤄지는 밤에
술을 마신다 술이 역사다

군부 독재자를 씹거나
부정부패를 욕하거나
국정농단 적폐 세력들을 불러내
능지처참에 부관참시로 분을 풀고
추운 날 광화문광장에 앉은 이웃과 함께
안주거리 촛불을 켜들고
술에게 빛을 전한다

취흥

술이 사다리를 오른다
천천히 무너지지 않게
한 잔씩 오를 때마다
또 다른 풍경이 보인다
울타리너머 벌판이 보이다가
한 계단 더 오를라치면
숭어 뛰는 바다가 눈앞이다
다시 한 계단 더 오르면
벼랑끝에는 야생화가 피어있다
손닿지 않는 곳에서 꺾어달라고
가시를 안고 웃음을 날린다
웃음은 건드릴수록 어지럽다
끝에 이르러서는 길을 버리고
별에 들어 누운 돌부처
사다리는 천천히 오를 일이다

대작

술 끝에 이르러 본 사람은 안다 술은
슬픈 여인을 더 슬프게 하고
유쾌한 남자를 더 유쾌하게 만든다
말없는 남자를 더 침묵하게 하고
시끄러운 여자를 더 시끄럽게 만든다
깊은 눈을 더 깊게 하고
엷은 미소를 더 농염하게 한다
함께 마주하여 그대에게 몰입하는 청춘은
별로 뜬 꽃 한 송이
술과 함께 흘러가 버린다

비오는 날에

비 오는 날에는 문을 열고
밖으로 나가고 싶다
나뭇잎을 때리며 떨어지기만 하는
가까운 빗소리 들으면서
파전을 굽고 싶다
파전에 막걸리가 생각나는 빗소리
대숲에 비 쏟아지는 날이면
텃밭에 쪽파를 뽑아 들고
문 밖에 나서서
빗소리 혹은 댓잎소리 불러 앉히고
파전을 안주하여 막걸리를 푼다

술단풍

가시내야,
눈물이라도 찔끔 짜낼 일이다
설악산이 저리 곱게 단풍들 줄 내 몰랐다
침엽으로 빳빳하던
늘 푸른 기개 거둬들이고
몰래 술추렴이라도 했는지
귀때기부터 목덜미까지 온통
벌겋게 달아 오른 색이
아무래도 상심한 사내 같지 아니한가?
가시내야 너도 슬프냐
물드는 몸이 이리 아픈 것이냐
큰 청, 작은 청, 끝 청까지
모지리도 아파 누워서
눈물이라도 짜내야 할 것 같다
사랑니라도 뽑아줘야 할 것 같다

동반자

늘 가까이 해 주었다
더운 날에도 추운 날에도

찾으면 달려와 주었다
혀 찢는 소리 없이

만나면 따뜻하다
속이 시원해진다

햇빛 속에서 찾고
달빛 속에서 찾고

길을 찾는 길 앞에서
내 안에 정착 시켰다

조기 매운탕

귀때기 시린 십일월
단골 주점 미닫이를 열고 들어서면
조기 매운탕이 끓고 있다
퇴근시간쯤 부르지 않아도
주모가 미리 매운탕을 끓인다
얼큰한 매운탕이 소주를 부른다
둘은 찰떡궁합이라서 늘
붙어 다니기 일쑤지만
내가 붙으면 삼위일체다
김 서린 유리창에는 다시
낯익은 얼굴이 비치고
미닫이를 열고 들어서는
숟가락 젓가락 한 묶음에
매운탕에 조기 살이 술을 추가한다

무한식당

중앙동 무한식당이
왜 무한주점으로 읽혔을까
밥 먹을 일 없으니
슬쩍 간판을 바꿔 달고
주점했으면 좋겠다 무한주점
주모 앞에 두고
있는 대로 다 가져 오라고
호기 한 번 부리면서 마시다보면
무한으로 치닫는 취기를
가늠할 수 없게 되었을 때
노래 몇 곡으로 술값을 때우고
그냥 나와도 되는 무한주점
그런데 안타깝게 아직도
식당으로 문 닫혀 있으니 쉽사리
폐업에 들었는지 모를 일이다

작은 술집

한 번 쯤 들어가 마시고 싶은 이름
통영 동항에 가면
갯가에 '작은 술집'이 있다
이름부터 작은 술집이다
크게 마시고 싶지 않은 사람들이
작게 시작하여
작게 끝내고 싶지 않은 술자리
언제나 시작은 한 잔이므로
콧구멍에 갯바람 넣어가며
들이키는 술은 취하지 않는다지
그걸 빌미로 코가 비뚤어지게 한 판
술에 오르고 싶은 그집
가고 싶다 누구 없소?

술과 함께

별 뜨는 밤 아니래도
술 마시는 일은
별을 마시는 일이다
꿈을 삼키는 일이다

그대 만나 실신해도 좋다
곧고 바르게만 걸어온 발길을
깊게 만나 한 번 쯤 비틀거리고 싶다
일탈을 꿈꾸고 싶다

닫혔던 입술을 터서
웅크렸던 낱말들에 피가 돌게 하고 싶다
의뭉한 상처 상판대기에
한 주먹 날려 보내고 싶다

빈 잔을 보면 슬프고
넘치는 잔을 보면 행복하다
늘 비어있는 내 잔을

그대 품어 날 채워 다오

영혼을 만드는 골짜기*가 되어
바른 걸음으로 당신에게 들고
눈 덮인 골짜기를 지나 온
흔들리는 돌이 되고 싶다

그대가 나를 삼킬 때까지
그대에게 들고 싶다
우리들 사랑은 애초부터
서로를 마시는 사이 아니었나?

*키이츠 : 우리 삶의 목적은 바로 영혼을 만드는 골짜기가 되는 일이라고 했다.

술시

어둠과 함께 찾아오는 꽃
어둠 속에 활짝 피는 꽃
그것이 술이다

한낮 가시덤불 숲 지나 올 때
언제나 기다려지는 시각
강한 햇살도 기울어
그림자도 길게 넘어지는 때
땅거미 스몰스몰 폐부로 스미는 구미
홰가 발동을 걸어 오면
부르는 단골 짝이 없어도
발자국도 모르게 혼자 떠간다

한 번 쯤 가본 적 있는 꽃집을
기웃거린다 혹
낯익은 얼굴이 숨어 있는지

술통

길을 막고 숨 깊이를 잰다
불어라 술 바람
내 피의 23.6%는 알콜이다
몸을 짜내 술을 빚어라
술독에 몸 담지 않아도
피가 술을 토한다
피가 마신 술이다
비틀거리는 잔이 다시 채워진다
스스로 고백한다
나는 23.6%로 채워진 술통이다

주님 뜻대로

열 명이서 함께 술을 마시다
아홉 분이 헤어지자 하고
한 놈이 2차에 가자고 하면
2차에 가야 한다

술에는 다수결이 통하지 않는다
술은 힘이 세서
반대의견을 묵살한다
주님의 뜻이다 묻지 마라

3차를 하고 4차에 가는 것도
술 힘 때문이 아닌가
변명하지 말고 이탈하라
아무도 묻지 못한다

제 2 부

묘비명

일 마쳤다 나 떠난다
좋은 산을 다녔다
술은 돌아보지 않을란다
내 마지막 詩다
　　　　　　〈2018. 9. 4〉

산을 기억하는 법

내 산은 술이다
술로 기억되는 산이 높다
산을 기억하는 일은 술이 한다
산에 올라 술 한 잔 없이는
그 산을 기억하지 못한다
산길을 기억 못하고
정상을 기억 못한다
산에 있는 나무도 바위들도
야트막한 기억에도 남지 않다
전망 좋은 방에 들러
한 잔 술을 마시고 둘러보는 산빛이
가슴 깊이 새겨져
햇볕이 들고 바람이 든다
술이 내 산이다

영월 빗소리

죽장에 의지한 술이
동강을 따라 흘러 갔다
삿갓으로 깊은 그늘을 만들고
부끄러운 눈빛을 감추었다
사발에 술 따르는 소리로 내리는
빗소리에 떨리는 발길
낯선 땅을 돌며
술을 가까이 해
시가 찾아와 술을 얻었다
영월에 내리는 빗소리가
마신 술을 풀어 이룬
동강은 깊고 푸르다

절명주

오랫동안 위암으로 투병하다
막판에, 정말 막판에 그는
그렇게 마시고 싶었던 한 잔
소주 한 컵을 쭈욱 들이키고
안주도 없이 그냥 떠났다
가는 길에 비틀거리지나 않았을까
저승을 잘못 찾아가지나 않았을까
가다가 길을 잃으면 돌아오지 그래
판관 앞에서 술주정 하다보면
퇴짜 맞을 일도 있으려나
마지막 한 잔이 그대를 높인다

술친

수렁에 빠진 내 등을 밀어 올려
꽃 위에 앉힌 건 술이었다
벼랑 끝을 붙들고 아둥바둥
떨어지지 않으려 칼을 품을 때
그대가 곁에 있어 주어
손을 이끌어 주었다
끝나지 않는 어둠 속에서
가진 불빛이 없어 물로 허기를 채울 때도
얼굴을 빛나게 해 주었다
시든 풀잎 붙들고 오를 수 있었다

9월 횟집

9월이 가기 전에 가야 할 집이 있다
전어가 사는 집이 아니다
섬 가운데 서 있는 집도 아니다
자갈치 젖은 길 위에 우뚝
눈 끝에 아려오는 9월이 서있다

눈짓만 보내도 발등 적실 것 같은 남항 술결이
춤추며 달려 온다
수족관을 열고 바다를 들여다보면
몸이 먼저 출렁거리는 횟집 앞
바다를 열고 들여다 볼 수 있다면
힘들게 걸어 갈 내 길도 환해질까

날카로운 이빨을 지참하고 사람들은
9월 횟집 문을 열어젖힌다
등 뒤에 짙은 그림자가 일어난다
뭍이 간직해 온 피고름이
서녘을 물들이고 넘쳐흘러

9월 횟집에 들어선다 술맛을 다시며
수족관에서 뛰는 바다를 지명한다

피해갈 출구는 누구에게도 없다
입구뿐인 9월 횟집으로 활어들이 입장하고
칼날 함께 걸어 들어가
얇게 저민 살이 접시에 담겨 나온다
유리창에 구름이 흘러가다 멈춰서고
술은 수족관에서 파도가 높다

술 문턱

술 문턱은 기웃거리되 시인이여
상 문턱은 기웃대지 말 일이다
상은 엎어져 코 깨질 일이 많고
상다리 부러져 옷 적실 일 흔하니
상 문턱은 부르면 못이기는 척 가고 대신
술 문턱은 찾아서 가라
짜고 주는 상이 대수인가
그런 상이라면 발가락 사이 때만도 못해
술 한 잔 마신 기분에도 영 못 미치니
상 문턱은 꿈에도 기웃대지 말고
술 문턱은 자주 오르내릴 일이다

월식

그렇게 깨끗해 보이지 않는
지구 그림자를 보았다 처음

그림자가 달을 술술 먹고 있는 동안 나는
술을 외면하고 서쪽으로 달아났다

가려진 몇 분 동안에 무슨 일이 있었지?

그림자 밖으로 내미는 얼굴이
붉게 물들어 있고

더 환한 얼굴로 웃는 달 곁에
다시는 그림자를 볼 수 없었다

*2014. 10. 8 초저녁에 개기월식이 있었다

꽃구경

서천에서 전화가 왔다
산애재에 석산이 피었으니
꽃구경 핑계 삼아 소곡주나 만나자고
사랑은 꽃들 일이니 상관 말고

진달래 피었다고
화전놀이에 어디 술이 빠지든가
상사일념으로 분칠하고
온 몸 태우고 돌아앉은
옷도 안 입고 외출 나온 가시내
술맛 땡기게 하니까

못 이기는 척 한번 들러주게
꽃이 보고 싶다하니 어쩌겠나
애틋한 짝사랑 사연도 들어주고
못 이룬 인연을
우리 만나 술로 풀어 주세

네 개 고속도로를 거쳐
세 개 국도를 타고
더하기를 지방도 두 개를 더 달려
꽃술 피는 산애재에 갔다
거기 구재기 시인이 산다

갑장과 술

갑장을 만나러 자갈치에 갔다
자전거 라이딩을 하는 시인*
구포에서 삼랑진까지 왕복을 마쳤다고
언제부터 벼르던 술잔 부딪히기를
갯바람 속에서 하잖다
능성어 한 접시 썰어 놓고
탄탄한 허벅지로 나타난 동갑네가
환한 미소로 술잔을 든다
2차까지 갔어도 멀쩡한 갑장
(그는 3차까지 갔지만)

너는 이런 갑장이 곁에 있나?

*이동순 시인

술 초보

소주 두 잔이면
온 몸이 벌개져서 취한다는 초보가
한 달 후 석잔 앞에서도 기세 등등이다
누가 저이를 단련 시켰을까 장족 발전인 걸
시작은 늘 그랬다
술자리에서 빼는 게 전부였다
술병 앞에서 당당해 질 때 비로소 시인이 된다
생각이 깊어지고
행동거지에 남을 배려하는 깊은 강이 흐른다
그는 두 잔의 기억을 간직할 것이다
부끄러운 사실을 털어놓지 못할 것이다
그것이 술 밑천이고
그렇게 술과 친해져 간다

만나고 싶은 술

갈증을 타고 오르는 산길에서
옷소매로 흐르는 땀방울 훔치고
자꾸만 주저앉고 싶은 무릎 달래 가며
8부 능선에 올라
용케 참아가며 지켜낸
얼려서 가져 온 막걸리 한 통을
배낭에서 꺼냈다
시원한 막걸리 향에 파리가 꼬인다
모가지가 먼저 젖어서
뜨거워진 가슴을 마비시킨다
벌써 쓰러져 누우면
술병 누울 자리는 어디에 남을까

나쁜 술

간암으로 죽은 친구가
함께 마신 술 때문이라는
부인의 전언을 듣고는
돌아오는 길 수퍼에 들러
소주 한 병을 사들고 나와
높은 담벽을 향해 힘껏 던졌다

비명을 지르며 산산 조각나는
몹쓸 술병은 끝이 났다

나쁜 술 같으니라고
어디서 친구를 데려가다니
다시는 내 곁에 발붙이지 말라
혼자서 한 잔 또 한 잔으로
분노를 삭히면서
담쟁이가 대신 마신 술이 아닌
깨진 술병을 위로해 주었다

계곡주

시원한 물소리
술이 흐르는 소리 같지 않느냐

물가에 앉아
술에 발 담그고
머리끝까지 취기 오를 때까지
물노래로 술을 청해 보게나

술이 떠내려가며
둠벙에서 벅수 넘을 때까지
마시며 취하며 깨며
술 흐르는 소리에 빠져 보게

다시 깨어나 돌아 올 때까지
술이 흐르는 뜻을 짐작해 보면서

등정주

천왕봉에 올라 한 잔 하지 않으면
지리산이 나를 기억 못할 것이고
나도 지리산을 마음에 품지 못할 것이니

많이도 말고 산 높이 쯤
아니면 그게 부담스럽다면
산 부피만큼 아주 조금
입가심만 하고 내려가세

지리산이 내게 들어
내가 지리산을 업고 내려 갈 때까지
잠간이면 되네 자네
기다려 줄 수 있겠나

포장마차

깊어진 도시
기울어진 그늘을 밝히는 불빛이
떼를 이룬 나비다
돌아 온 모퉁이를 돌아서 가는
꼬리 긴 주황색 날개를 보라
깊은 어둠을 향해 날아가지 않느냐
한 치 앞에 제 몸을 던질 때
포차에도 꽃이 핀다
임자 없이 찾아 든 홀로인 남자들
술 서로 나눠 마시며
적벽대전에 칼날 부딪히는 소리로
포장마차를 점령해 간다
남자들이 지키는 포장마차
도시 불빛은 술잔에서 비롯된다

내 술은 그래

눈 맞춰 보지 아니해도
곁에만 있어도
가슴이 뛴다

입술을 맞춰보지 아니해도
향기가 온 몸을 절인다

멀리 떠나 온 뒤
뒤돌아보아야
뻔한 그 속내를 알 수 있다

부어라 마셔라
곁에만 있어도 좋은
내 작은 사랑처럼

그리고 나도 한 잔

막걸리 한 통 짊어지고 금정산에 들었다
정상에는 꼭 가지 않아도 좋으니
가다가 만나는 고운 얼굴들
소나무와 마주 앉아 너도 한 잔
그리고 나도 한 잔
실개천 만나면 마주 앉아 너도 한 잔
그리고 나도 한 잔
새소리와 만나면 마주 앉아 너도 한 잔
그리고 나도 한 잔
바람과 마주 앉아 너도 한 잔
그리고 나도 한 잔
덩치 큰 바위와 마주 앉아 너도 한 잔
그리고 나도 한 잔
그래도 술이 남았거든
제 명에 못 죽어 떠도는 이 땅
모든 귀신들 불러 모아 너도 한 잔
그리고 나도 한 잔
술통 다 비워지고 나면

고당봉을 채워서
휘적휘적 내려 올 일이다

간이주점

태양이 남기는 그늘 때문에
저물녘이면 네게 스며들어
한 번쯤 비틀거리고 싶다

바람 불지 않아도 흔들리는
젊은 술병을 껴안고 가는 어둠 속
젖은 옷들을 보라

술 한 잔만으로도
일어서는 별빛과
가시밭길 위에서 만나는 구름

기둥이 썩어
집 무너지는 소리 들리느니
잔 부딪히는 소리로 밤을 달랜다

술 마시는 때

비 오는 날이거나 맑은 날
구름 끼거나 바람 부는 날
좋지 아니한가

오늘은 달이 밝으니
술잔에 달 띄우고
달도 마셔봄이 어떤가

내일은 맹골수도에
어린 별이 많이 뜰테니
몇 개쯤 품어 안고서 가지 않겠나

상처에 달이 밝거나
동거차도에 바람 많이 불거든
남항 방파제로 오시게나

술친구

노가리 찢어 살 발라놓고
봉하 막걸리도 곁에 앉혀 놓고
단박에 나오겠다며 달려오고 있을
고운 술친구를 기다린다
술 마시는데 무슨 이유가 필요한가
술이 그 이유지 천년 만년
코가 비뚤어지게 마셔도
말끝 흐뜨려지지 않는 친구
술을 핑계 삼아 노가리를 찢었다
고운 그대 앞에만 있어도
술이 절로 내게 온다

여름 한 잔

참매미 목 터지는 구애가
낮술을 부른다
높은 정자에 올라 듣는 노래
수박을 깨놓고 갈증 식힐 때
사라지지 않고 남는 아쉬움이
동무를 불러 주막엘 간다

막걸리 한 주전자에
쉬어 빠진 깍두기 한 사발 들고
시냇가에 가서 물에 발 담그고
하늘 우러러 한 잔 흘려보내면
몸 안에 술 흐르는 소리
참매미 노래가
눈앞에 폭포를 걸어주었다

술색

술은 무슨 색일까
새빨간 포도주빛깔일까
소주빛 투명한 하늘 색일까
막걸리 베이지일까
도무지 가늠 되지 않는 술색
몸에 들면 뜨거워지는 색
그런 마법이 어디에 있을까
밤에 다르고 낮에 다르고
비오는 날 변색되는
햇살에 바래 날개다는 색은 아니겠지만
술을 마시고 술색이 되는
갈증을 풀어주는 애인의 입술색이면
더 좋다 짝이 되어 주는 색이다
둥지에 들어 허리띠 풀어 놓고 마시는
내가 먹고 싶은 입술은
깊고 키가 큰 보라색이면 좋겠다

술은 힘이 세다

살짝 건드리기만 해도
떡이 되어 고꾸라지는 술잔이지만
훅 불면 날아가버릴 깃털이지만
술은 힘이 세다 못하는 일이 없고
안되는 일도 용납이 안된다
가령, 평양소주와 부산소주가 섞여
팔 걷어부치고 나선다면
분계선에 깔린 철조망도 모두 거두고
누구도 건져내지 못할 수렁에서
함께 부를 아리랑도 건질 수 있겠다
백두산 들쭉술에 목매달지 않더라도
금산 인삼주도 살아있다
우리 힘센 술이 되어 살아나자
분계선 철망을 걷어 지우자
힘센 술이 어찌 그 일만 하랴

고수

첫 직장을 잡고 난 뒤
신입 환영장에 나갔다
주량이 어느 정도냐고 물어 왔다
'술을 잘 마시지 못한다'고
생각과 달리 말했다
곱상스럽게 생긴 총각 샌님의 말을
곧이곧대로 들었다
술자리가 무르익고 몇 순배 돈 뒤에도
말짱한 나는 거절하지 않고 잔을 받들었다
선임들이 횡설수설 할 때도
신입의 자존을 세웠다
도무지 취하지도 않는 가짜 술이 아닌가
선임들이 차츰 나를 부담스럽게 생각했다
술에는 고수다
전혀 마시지 못하는 줄 알았더니
마시더라도 자기들 밑자린 줄 알았더니
자기들을 능가하며 아직도 말짱하다니
선배를 능멸하는 후배라고들

땡감 베어 먹은 표정들이었고
나를 집중 공격해 오기 시작했다
거절하지 않고 다 받아 주었다
그리고 잔을 돌려주었다
그들이 먼저 갔다
그렇게 나는 고수가 되었다

술에 지다

고등학교 교복을 처음으로 입고
입학식도 치르기 전에 고향엘 갔다
엄마는 교복 입은 아들을
자랑하고픈 속내도 있었다
물론 친척 혼사에 참여하는 일이 주였지만
굳이 차남을 데려갈 이유가 있었을까만
나를 향해 쏟아지는 관심 때문에
목에는 절로 힘이 들어갔다
엄마도 아들 때문에 한껏 입이 가벼워졌다
숙모가 부엌에서 손짓하며 나를 불렀다
술을 거르는데 맛 좀 봐 달라는 것이었다
내가 술맛을 알기는 한가?
한 사발을 걸러 내게 안겼다
물처럼 벌컥거리며 목넘이를 하고 나니
머리가 핑 돌고 있다는 느낌이 왔다
그리고 서 있을 수가 없었다
효과가 즉시 나타나는 힘센 농주였다
나는 저녁밥도 굶고 골방에 누웠다
시작한 술에 처음으로 졌다

위로주

고교입시에 낙방한 친구를 위로 하겠다고
함께 동네 작은 술집에 갔다
어두운 구석자리에 앉아
아주 작은 모기소리로 말했다

"여기 막걸리 한 되만 주이소"

그때 아주머니는 어색하지 않게 대해 주었다
서로 술을 따라 주며
영화 속에서처럼 위로해 주었다
미래에 대해 새로운 설계도 나누었다
그때 맨 처음 치룬 정규전이었다
그 후엔 승승장구했지만

참새구이

막걸리를 거르고 나면 찌꺼기가 나온다
찌게미라 부르는 아이들 주전부리다
어른들은 그것으로 참새를 잡아 구웠다
소쿠리를 엎어 놓고
작대기로 살짝 받쳐 들어 올리고
안쪽 그늘에다 찌게미를 뿌려 놓으면
몰려온 참새가 그걸 쪼아 먹고 비틀거리다
소쿠리 그늘 아래 들어 고이 잠 들 때
얼른 주워 자루에 담으면 끝이다
참새구이를 안주 삼아
막 거른 술 한 사발에 다리 한 쪽이면
누구를 부러워해야 할지 걱정이다
그때 어른들은 참 행복했다
아이들에게도 선심을 베풀었다
그러구로 술이 내게 들었다

아버지 술

노란 양은 주전자를 들고
술심부름으로 술도가에 갔다
그늘도 없는 길을 걸어서
조금이라도 더 주니까 도가로 갔다
넘치도록 받은 술이
출렁거려서 토하는 꼭지로
입을 가져가 몸으로 받았다
돌아오는 길이 멀어서 자주
주전자 꼭다리에 가던 입
목줄기를 내려가던 짜릿한 감촉을
오십년이 지나도 잊을 수가 없다
주둥이에 자주 입 맞추다 보면
가벼워지는 주전자를 감당 못해
우물물로 높이를 채워 줘도
술은 싱거워지지 않았다
아버지가 도가 술을 고집하는 이유였다
비틀거리는 걸음을 보고 아버지는
짐작하시고 있어도 묻지도 따지지도 않고
심부름 값을 후히 쳐주셨다

술에 들다

술 좋아 하시는 아버지를 위해 어머니는
윗목에다 이불을 둘러씌운 독을 앉혔다
고두밥을 쪄서 누룩을 버무린 다음
물을 붓고 기다리는 일이다
학교 파해 돌아오는 내게 독은
제일로 궁금한 안부였다
부글거리며 살아 움직이는 독 안에 든 그분에게
안부를 묻는다 특별하게
숟가락처럼 두 손가락을 붙여 찔러 넣고
움푹 떠서 입으로 가져가면 허기가 가셨다
마당에 내려서면 휘청거리는 걸음 위에서
파란 하늘도 괜스레 돌아가고
마당도 울렁거렸다
그때부터 아마도 술은
빈 속에 마셔야 제격이라는 걸 배웠다

제 3 부

소주 1

그대 속내는 불이다
맑은 얼굴로 속살 보여주거나
순한 혀끝으로 부드럽게 속삭이다
차가운 그대 손을 잡으면
내 가슴에도 피가 돈다
내게 입술을 다오
뜨겁게 타올라 네게 옮겨 가고 싶다
옮겨온 네 속 불이
내 속을 마저 태운다
네 앞에서 나를 잃는다

소주 2

부산역 광장 나무 아래 의자에
김 빠진 소주병이 산다
길이 없어 어디 가지 못하고
곁을 떠나지 못하는 빈 병이
가시밭길 함께 걸어 온
동무를 떠나지 못해 머문다

지게 목발 두드리며
짐을 기다리던 지게꾼으로 돌아가서
나무 아래 우두커니 앉아
얕은 잠에 든 절반으로 남은 병이
바람소리로 배를 채우고도
가고 싶은 길 떠나지 못한다

막걸리

누구에게나 마구 입술을 주는
막사발에 안겨서 너는
내게로 온다 천천히
언젠가 만난 적 있는 눈빛 같은
헤픈 한 방울 방울
눈빛에 젖어 빠져 드는
너를 벗을 수가 없느니
자주 만나 먹을수록 깊이 빠져
내 얼굴에도 꽃이 핀다
만발한 네 체취 머문 곳에
늘 젖은 내가 산다

농주

흙 묻은 손으로
논두렁에서 땀 훔치며
아버지가 들이키던 한 사발

고개 숙인 벼에게도 한 사발
줏대없이 날아 드는 참새에게도 한 사발
팔 아픈 허수아비 너도 한 사발
농사는 술힘으로 짓는 거라며
황소에게도 한 사발

붉은 노을로 들판이 탄다
아득한 마을에 술이 익을 때
올 가을 시집 갈 처녀 볼도 빨갛다

맥주

그대와 나 사이에
나무 탁자가 있고
그 바다 위에는
서늘한 맥주가 놓여있다

그 병을 지나
내가 네게로 건너가고
네가 내게로 건너온다

차가움이 뜨거워지는 바다
한 병 술이 징검돌이 되어
너와 나를 잇고

눈 맞추다 바다에 빠지면
뜨거워진 몸을 서로 기대어
함께 바다를 건너 다닌다

폭탄주

무차별 폭격에도 살아남기 위하여
스스로 폭탄을 제조한다
거품으로 회오리를 일으켜
고성능 해체를 꿈꾸는 폭탄

몸 안에서 터져
잡균을 박멸하는 독약이 되기를
불꽃놀이로 하늘에서 터져
사랑이 되어 주기를

출정을 기다리는 술잔 앞에
합장으로 높이 들어 올린다
하늘 담기라고
사랑 담기라고

동동주

내 몸에 들어
살이 되지 않겠지만
피가 되지 않겠지만
나는 기대한다 내 안에서
부드러운 말이 되고
사랑 담은 눈빛이 되어
뭉게구름으로 떠오르기를
내 굳은 몸에 들어
온 몸을 떠돌며
붉은피톨로 가슴 덥히기를
부어라 마셔라
술이 사랑이다

포도주

태양빛 붉은 젖을 마신다
내 몸에 들어
빛이 되라고
잘 익은 심장을 먹는다

하늘을 나는 마법을 포기하고
숨 막히는 포옹으로
그대를 가둘 수 있는
빛을 얻고 싶다

찰랑대는 붉은 파도 속에
혀를 굴리면
손가락 끝에서 타오르는
밭을 일군 땀방울, 방울
먼 핏줄에 도는 사랑 한 잔

소곡주

서천에 들었다가
댓병에 든 소곡주 달콤함에 빠져
서천을 떠날 이유를 찾지 못한다
이것도 술인가
병을 쓰러뜨리기 위해
자리를 뜨지 못하고 말았다
그래서 앉은뱅이 술이라 했나

홍매화 피는 날까지 냅다 마셔도
오르지 않는 주기 때문에
댓병 쓰러뜨리기를 여러 날
매화는 져도 저 홀로 져도
내 얼굴에 옮겨와
다시 핀 꽃
내게 봄이 오려나보다

전주 이강주

배꽃 필 때 마시는
약주 한 잔에도
가슴이 벌렁거릴만큼
약해진 몸에 뒤돌아본다
그동안 술을 너무 많이 처방했다
여백을 남기지 않고
빼곡하게 채워 넣은 빈 병
다 치우고
그대 달을 띄워라
이강주 한 잔이면
온 몸 적시는 술향에
배꽃이 다시 핀다
몸이 봄빛을 얻는다

진도 홍주

선혈을 물에 풀어
홍매화 떨어진 잔에
선뜻 입술 대기가 힘에 겹다
한 잔 마시면
봄 한 철을 다 삼킨 듯
뿌리도 없는 내 얼굴에 홍매화 피고
두 잔을 마시면
서해 노을에 빠졌다 나온 듯
입은 옷마저 붉게 물든다
한 병을 다 마시면 어떨지는
재보지 말 일이다

안동소주

불 타는 술이 그립다
화근 내에 몸 담글 줄 아는 사내
맥주나 소주 허드레로 갈증을 대신할 때
심에 차지 않아서
소매 걷어 부치고 찾아 나선다

한 잔을 마셔도 화끈하게
물에 물 탄 듯
술에 술 탄 듯
그래서야 아홉수 고개를 넘을 수 있을까

술을 경배하지 말고
병 따는 일을 두려워하지 말라
술은 편한 친구다
돌아오는 봄이 기다리고 섰다

문배주

술을 끊고 자숙하며 지날 때에
며느리를 보았다
예단으로 따라온 술 한 병
눈으로만 마시며 아껴 두고
오며가며 먼지도 닦아 주고
언제 어디에서 뚜껑을 딸까
생각만으로도 기분이 좋아지는
며느리 선물
잘 보이는 곳에 앉혀 두고
때를 기다리는데
용이 부조된 도자기 병에 든
술맛은 어떨지 자네
짐작이나 될까

사케

료칸 다다미 위에
무릎 꿇고 앉은 어린 게이샤
치맛단 속을 들여다보는
입술에 부는 순한 바람 맛이다
벚꽃 잎 하르르 술잔 속에 지고
이끼 낀 정원 연못 붉은 금고기가
뿜어내는 물거품 따라
파문이 일면 하얀 잔이 떠돈다
바닥에 닿지 못하는 술에
가슴 비워내지 못하는 달빛으로
창호에 가리운 여인이
비춰지는 그림자가 사케다

발렌타인 30

허 거참 놀랍다
30년이나 참고 견딜 수 있었다니
나 같으면 도는 군침에 얼른
꽃봉오리 따듯 뚜껑을 돌리면
눈앞에서 바로 별이 뜨고
한 마디도 두고 볼 수 없을 터인데
술이 늙어 죽도록 건드리지 못했다니
그 사람들 바보 아닌가
어째 그 햇수가 될 때까지
참을 수가 있었을까
30년을 밀봉해 온 병
정조를 여는 소리는
오로라 춤을 부르는
백파이프 숨결이다

마오타이주

구이저우성貴州省 마오타이에 가고 싶다
술향에 취해 자꾸 마시다보면
몸에 밴 향이 길을 찾아 나선다
붉은 수수밭*을 통째 시루에 넣어
술을 내리지 않았나 싶다
수수밭을 달려 땅 끝으로 가서
수수밭을 뒹굴다가
건망증 심한 날 잃어버리고
올 때는
서해 노을로 돌아 오리다

*장예모 감독의 영화

이과도주—배갈

말간 정신으로 한낮을 보내기에는
푸른 가슴이 너무 뛴다
체루탄 가스를 마시는 대신
길모퉁이 중국집에 앉아
젊은 날 피우는 꽃을 위해
한 됫구리, 두 됫구리
백자 작은 병 째 마시던 술
작은 몸에 불을 붙이고 나섰다
체루가스만큼 독하고 진하다
어둠이 내린 거리에 들어
물러나라고 배갈병을 던진다
아스팔트에 떨어져 깨진 병에서
불꽃이 오래 타올라도
어둠은 물러나지 않는다 결코
배갈도 물러서지 않는다

보드카

블라디보스톡 독수리 요새 앞에서
기념이 될까
70도 보드카를 샀다
부산항에 닿기도 전에
목울대를 타고 넘어가는 불이
내 머리 끝에도 옮겨 붙었다
싫지 않은 불에 타서
재로 남을 때까지 가까이
더 가까이 몸을 집어넣었다
부동항 얼어붙은 몸이
꽃불로 타오를 때까지
입이 멀었다

동근송주

입춘 부근 마을 동산에 올라
잘 생긴 소나무
동쪽으로 뻗은 뿌리를 찾아
손가락 굵기에 끝을 자르고
술병 속에 넣고 밀봉해서
흙으로 잘 덮어 주고 난 뒤
낙엽 질 무렵 꺼내면
잘 익은 동근 송주가 된다

소나무가 술을 다 퍼마셨다가
낙엽 떨어질 때가 되면 다시
병으로 되돌려 준 술이다
신선이 아니래도 그대
동근송주 한 잔 어떠신가
집에 그 술 진하게 떠놓았으니
틈 날 때 몸만 어서 오게나

옥만주

빗줄기 피해 든
지리산 불일폭포 봉명산장에서
멀건 술 한 잔에 기가 막혔다
옥만주, 이름이 특이해서
한 잔 얻어 마셨지만
비밀스럽지 않은 맛에
돌아서서 욕만 냅다 퍼부었다
막걸리에 물을 타서 희석시킨 뒤
냉동실에 얼려서 가져 온
만든 사람 이름이 김옥만이라서
옥만주라 이름을 붙였단다
별 싱거운 술 다 만났다

복분자술

무릎 꿇고 엎드려 볼 일을 본다
요강단지는 엎어지지 않고
청량한 노래를 받았다
밤 새울 일이 걱정이다

풍천 장어 안주하여
고창 복분자술 몇이나 눕혀 얻은
폭포수로 쏟아져 내리는 오줌발에도
놋요강 구멍 뚫릴 일은 없다

몇번을 돌아 누우면서
끓어 개는 취기를 다독이고
새벽이 올 때까지
바늘 닳도록 허벅지를 찔렀다

야관문주

밤에만 문을 여는 술이 있다
술 마시고 난 뒤 간절한 꿈으로
열어야 할 문이 어디에 있을까
문을 열고 들어서면
어둠은 가시고 빛이 남아 있을까
문이 비틀거릴 때까지
자물쇠로 굳게 닫힌 문 앞에서
근육을 풀고 체조를 한다
밤새 두드려도 열리지 않는 문
열린 문 앞에
이르지 못한 별이 쓰러진다

참치 눈물주

허연 참치 뱃살을 씹으며
참치 눈물주를 마신다
큰 바다 물빛을 닮아
수심 깊이 출렁이는 눈물을
내 눈에 붓는다 네 슬픔은
살을 도려내는 아픔 탓이다
내게 넘어 와 씹고 있는 살맛 탓이다
아픔을 이빨 사이에 끼우고
나는 네 눈물 속을 간다
아무리 마셔도 취하지 않고
네 돌아간 빈자리가
빨갛게 아파만 보인다

*참치 눈물 주 : 해체된 참치의 수정체를 모아 만든 엑기스를 술에 타서 먹는 방식으로 이를 '참치 눈물주'라하고 시력회복에 도움 된다는 설이 있음.

□ 후기를 대신해서

술맛 나는 세상에 살고 싶다

 술을 마시면 기분 좋은 것은 전적으로 어떠한 논리도 따질 것 없이 마구 뱉아 내는 말의 카타르시스 때문이라 해도 과언이 아니다. 그러나 모든 것을 술에 핑계 대면서 아무 말이나 다 뱉을 수 있는 건 아니다. 최소한의 예의는 갖춰야 한다. 그렇지 못할 때는 그 입은 좋은 술을 마신 입이 아니라 개 같은 술을 쳐먹은 주둥이가 되어버리기 때문이다.
 설혹 인간 중에는 술을 빗대어 속내에 품었던 울화를 터놓아 상대의 기분을 상하게 만드는 사람이 있다. 왜 그 아름다운 술을 욕먹게 하는지 모르겠다. 그런 사람은 아예 술자리에서 조차 퇴출해 버려야 마땅한 일이다. 비굴하고 비겁하고 졸장부다운 그런 사람과 한자리에 앉는 것조차 기분 나쁜 일이 아닐 수가 없다.
 사는 법은 다양하다. 그러나 자신에 앞서 남을 위해 산다는 것은 쉽지 않다. 그래서 봉사하며 생활하는 이들의 삶은 아름답다. 예수나 석가가 위대한 성인으로 존경을 받는 것은 자신의 영달을 위해 불태운 것이 아니라 타인을 위해 희생했기 때문이다. 자신을 위해 최선을 다해 사는 모습도 물론 아름답다. 그러나 그보다 더 아름다운 것은 남을 배려하고 남을 위해 봉사하는 삶이 위대한 것이다.

자신의 사리사욕이나 개인의 영달을 위해 하는 일들은 당연한 일이어서 그것이 아무리 크고 행복한 일일지라도 아름다운 일은 되지 못한다. 타인을 배려하고 타인을 대신하여 어려운 일에 앞장서는 그런 봉사하는 마음이야말로 아무리 작은 일일지라도 그것은 칭송 받아 마땅하다. 그런 분들이 있음으로 하여 세상은 영위되고 아름다운 인간의 향기가 나는 세상이 된다.

하물며 남을 위해 봉사하지는 못할지언정 남에게 폐해를 끼쳐서야 될 말인가. 남을 배려하지 않고 자기만의 이익을 추구하는 사람들이 많으면 많을 수록 이 세상은 피곤한 세상이 될 것이고, 남을 위해 배려하고 봉사하는 사람들이 많으면 많을수록 이 세상은 술맛 나는 세상이 될 것이다. 그들과 함께 오순도순 씹은 소주라도 앞에 둔다면 그 술자리는 진미가주를 앞에 둔 황제의 술자리보다도 훨씬 아름다운 술이 될 것이 아니겠는가.

연탄재 함부로 발로 차지 마라
너는 언제 누군가의 가슴을
따뜻하게 데워 준 적이 있었던가

안도현의 시다. 설명이 필요 없는 작품이다. 불 꺼진 연탄재가 버려졌을지언정 그는 온몸을 불살라 타인을 따뜻하게 데워 준 과거가 있다. 그 불 꺼져 형편없이 버려진 재만도 못한 인간이 얼마나 많은 것인가. 이제 연탄을 때는 사람들이 거의 없다시피 하여 연탄재를 애지중지 할 수는 없지만 그래도 혹 연탄재를 만나거든 그런 뜨거운 과거를 지닌 이력을 사랑하여 제발 신나게 차지는 말아 달라는 절절한 애원이다.

  과거 70년대 군사독재 시절에 울분을 삭히기 위해 한잔 술을 마시고 뒷골목에 버려져 켜켜이 쌓아 올려진 연탄재를 사정없이 발로 찬 기억을 가지고 있는 사람들은 안다. 연탄재를 차는 일이 얼마나 신나는 일인지. 연탄재는 저항할 줄을 모른다. 기껏 저항한다는 것이 허연 먼지만을 바지가랑이와 구두에 묻힐 뿐 상처를 주거나 하지 않는다. 그 대신 깨어질 때는 엄청난 먼지를 내면서 부서지고 튕겨 나간다. 연탄재를 차면 쌓였던 울분이 한꺼번에 달아나 버린다. 그런 연탄재의 효용은 아름답기까지 하다. 이 세상에는 연탄재만도 못한 사람들이 부지기수다.

  욕심이 목구멍까지 차올라 눈이 벌겋게 충혈된 사람, 그를 피하고 싶고 남을 위해 한 번도 자신의 이익을 양보해 보지 못한 그들의 이름을 기억 속에서조차 지워버리고 싶은 것이다. 이 세상의 좋은 사람들과의 만남도 시간이 부족한 터에 정말 피곤한 사람들과는 조우하고 싶지 않다. 연탄재라도 마음 놓고 찰 수 있는 세상, 술맛나는 세상에서 살고 싶다.